엄마를
 사랑해서
태어났어

"KUMO NO UE DE MAMA WO MITEITATOKI NO KOTO." by Akira Ikegawa
Copyright © Akira Ikegawa 2006
All rights reserved.
First published in Japan by Futami Shobo Publishing Co., Ltd.

This Korean edition is published by arrangement with Futami Shobo Publishing Co., Ltd., Tokyo in care of Tuttle-Mori Agency, Inc., Tokyo, through Eric Yang Agency, Seoul.

엄마를 사랑해서 태어났어

이케가와 아키라 씀 | 정원재 그림 | 이서은 옮김

시월의책

들어가며

2006년 설문 조사에 따르면, 거의 모든 사람들이 태내 기억, 탄생의 기억에 대해 알고 있는 듯합니다.

이러한 흐름은 출산과 육아를 크게 바꾸어 갈 것입니다. 엄마는 배 속 아기에게 더 많이 말을 걸고, 의료진도 아기 마음을 배려한 출산을 지향하겠지요.

산부인과 의사로서 출산과 육아에 도움이 되고자 태내 기억, 탄생 기억의 조사를 하고 있던 저는, 아이들에게 질문을 거듭하는 과정에서 신기한 기억을 지닌 아이들을 만나게 되었습니다.

바로 배 속으로 들어오기 전 기억입니다. 아이들은 엄마의 배 속으로 오기 전 구름 위에서 천사나 요정, 하느님과 지내고 있었다고 말합니다. 아이들은 세계를 빙 돌면서 단 한 사람, 멋진 여성을 찾아냅니다. 그 무엇과도 바꿀 수 없는 너무나 사랑하는 엄마입니다.

그리고 따뜻하고 포근한 구름 위를 떠나 이 지상으로 모험을 하러 옵니다.

 엄마, 아빠에게 "사랑해요."라는 말을 전하기 위해 오는 것입니다. 이 세상에서 자신의 사명을 다하기 위함입니다. 가끔씩 아이들이 엉뚱한 이야기를 할 때, 우리 어른들은 그것을 판타지로 여깁니다.

 하지만 아이들에게는 기억에 새겨진 마음의 진실입니다. 어른이 된 우리도 마음을 열고 이야기에 귀 기울인다면, 무언가 그리운 듯한 느낌을 받는 사람도 있을 것입니다. 태어나기 전의 기억이 사실인지 아닌지에 대해서는 젖혀 두십시오.

 일반적으로 기억이란 뇌세포에 저장된 정보라고 합니다. 그러나 출생 전 심리학(prenatal psychology)의 일인자 데이비드 체임벌린 박사는 '기억은 어느 정도 성장하고 나서부터 저장되는 것이 아니라 처음부터 우리들과 함께 있었던 것'이라고 말합니다. 어쩌면 태어나기 전의 기억은 뇌세포가 아니라

'영혼'에 새겨진 기억일 수도 있는 거지요.

저는 아이들이 엄마 배 속으로 오기 전 기억에 대해 큰 관심을 가지게 되었고, 구름 위 세상은 어떤 곳인지, 어떻게 지금의 엄마를 선택했는지 더 자세히 알고 싶어졌습니다. 그래서 배 속으로 들어오기 전의 기억이 있는 여러 아이들과 인터뷰를 했습니다.

인터뷰는 놀라움의 연속이었습니다.

그 내용을 중심으로 정리한 책이 바로 이 책입니다.

사람은 왜 태어나는지, 가족이란 무엇인지, 의문이 드는 분들에게 실마리가 될 수 있다면 좋겠습니다.

자, 우리 함께 영혼의 이야기에 귀 기울여 볼까요?

시바타 류노스케 (남아 · 6세)

- 류노스케는 어떻게 엄마를 골랐어요?
- 전 세계를 돌아봤는데 우리 엄마가 가장 좋았어요.

- 엄마의 어떤 점이 좋았어요?
- 음, 좋은 점이라기보다는……. 엄마가 쓸쓸해 보였는데 내가 엄마한테 가면 외로워하지 않을 것 같아 갔어요.

- 엄마는 기뻐했어요?
- 네, 기뻐했어요.

🧑 언제쯤 엄마를 선택했어요?

👶 줄 서서 기다리다 내 차례가 돼서요. 천사(아기들)가 많이 있는데 조금씩 무리 지어 있어요. 날아다니는 요정이 와서 가도 된다고 할 때까지 기다려야 하니 오래 걸려요. 내 차례가 오면 엄마를 선택해요.

🧑 어떻게 엄마를 고르는 거예요?

👶 요정이랑 같이 하늘을 날아서 아래를 내려다보면서 찾았어요. 찾다가 엄마가 가장 좋아서 엄마한테 갔어요.

🧑 엄마를 정하면 구름 위로 돌아가는 거예요?

👶 그대로 엄마 배 속으로 들어가도 돼요.

🧑 아빠도 봤어요?

👶 네, 아빠도 같이 봤어요.

🧑 아빠도 엄마처럼 좋아 보였어요?

👶 둘 다 좋아요. 할아버지랑 할머니 모두 봤는데 다들

좋아 보여서 엄마 배 속으로 들어갔어요.

🧑 어떻게 들어갔어요? 하늘을 날아서 갔나요?
👶 두 손으로 팔랑팔랑 날갯짓을 하면서 '슝!'하고 날아 갔어요.

🧑 요정도 같이 배 속에 들어가나요?
👶 네, 많은 요정들이 같이 들어가 줘요. 다섯 명 정도는 먼저 구름 위로 돌아가고, 배에 남은 요정들은 사람이 될 부분을 만들어 줘요. 다 만들어졌다는 신호를 주면 내가 태어나는 거예요.

🧑 태어날 때 혹시 아팠어요?
👶 아프다기보다는 힘들었어요.

🧑 아픈 거랑 힘든 거랑은 미묘하게 다르지요. 힘들었던 거구나.
👶 네.

🧓 가장 힘든 길이 있었어요?

👶 좁으니까 열어야 해요. 닫혀 있으니까 '열려라, 열려라.' 하면서 자연스럽게 내가 천천히 천천히 열고 나와요.

🧓 구름 위에서 남동생인 레이야랑은 사이가 좋았나요?

👶 네, 차례대로 오는 거니까 나중에 오라고 했어요.

🧓 레이야는 뒤에 있었어요?

👶 네, 조금 뒤에 줄 서 있었어요.

🧓 뒤에 서 있다 앞으로 껴드는 아이도 있어요?

👶 있어요.

🧓 새치기하는 아이도 있구나.

👶 새치기라기보다는……. 하늘을 '붕!' 날아서 맨 앞으로 가요. 그런 애들은 어딘가를 다쳐서 죽기도 해요.

🧓 그 친구들은 스스로 그렇게 되길 바란 거예요?

🧑 네, 스스로 빨리 가고 싶어 해서 먼저 가서 아프거나 해요.

👶 그 친구들은 아픈 것도 괜찮다는 거예요?
🧑 아픈 것도 상관없고 빨리 가고 싶어서 가는 거예요.

👶 엄마 배 속에 있을 때, 엄마가 즐거워하거나 속상해한 일들이 다 느껴지나요?
🧑 네, 그래서 엄마가 속상해하면 나도 슬퍼요.

👶 그랬구나. "엄마, 울지 마."라고 말했어요?
🧑 엄마 배 속에서 "울지 마."라고 했어요.

👶 엄마가 말 걸어 주는 건 잘 들려요?
🧑 네, 들렸어요.

👶 그렇게 말 걸어 주면 행복해요?
🧑 네, 행복해요.

- 엄마가 가끔 류노스케가 배 속에 있다는 사실을 잊은 적은 없었어요?
- 없었어요.

- 없었구나? 늘 배 속에 있다는 걸 느꼈구나.
- 당연하죠.

- 그렇다면 정말 좋은 엄마네요.

엄마로부터

하늘 위에 있었을 때, 저 말고도 한두 명 더 엄마 후보가 있었다고 해요. 하지만 그 여성 분에게는 이미 다른 아이가 있어서 남동생과 이야기를 해 보고 저를 선택했다고 말해 주었어요.

시오타 나쓰미(여아 · 10세)

- 구름 위 모습을 그림으로 그려 줄래요?
- 구름 위에서는 아기가 구름 둘레를 잡고 윗몸을 앞으로 쑥 내미는 느낌으로 아래를 보고 있어요. 아기들은 나까지 여섯 명쯤 있고, 등에 날개가 생겨 엄마를 찾는 거예요.

- 남자 아기인지 여자 아기인지 알고 있어요?
- 그건 몰라요.

- 구름은 어땠어요?
- 그렇게 넓지는 않고, 하얗고 환하게 밝아요.

😊 어떻게 엄마를 골랐어요?
👧 다정해 보인다거나, 겉모습이라든가…….

😊 겉모습이라면 예쁜 엄마를 말하는 거예요?
👧 예쁜 엄마도 되고요.

😊 아빠는 어땠어요?
👧 아빠는 같이 안 있어서 몰랐어요.

👨 언제부터 엄마를 보고 있었나요? 엄마 배 속에서 아기가 생기고 나서였나요?

👧 아기가 생겼을 때인가……. 배가 커졌을 때부터 보고 있었어요.

👨 엄마가 입고 있던 옷은 기억해요?

👧 하얀 물방울 원피스. 남색에 하얀 물방울 원피스를 입고 걷고 있었어요. 길을 걷는 엄마를 보고 '이 사람으로 해야지.'하고 바로 날아갔어요.

👨 길 한복판을 걷고 있었어요?

👧 구름 바로 아래쪽에 건널목이 있었고, 차가 다니는 길이 있고, 엄마는 인도를 걷고 있었어요.

👨 주변에 다른 사람들도 있었을 것 같은데 엄마만 보였어요?

👧 다른 사람들도 엄청 잘 보였지만 왠지 모르게 엄마한테 눈길이 갔고 엄마를 보고는 곧장 날아간 것 같아요.

- 엄마를 선택했을 때는 어떤 기분이었어요?
- 아무 생각도 안 했어요.

- 그저 엄마한테 눈길이 가서 엄마를 선택하고, 그대로 '쏙'하고 배 속으로 들어간 거네요?
- 맞아요.

엄마로부터

남색에 하얀 물방울 임부복은 실제로 제가 임신 8개월 무렵부터 입고 다녔어요. 여기서 말하는 건널목은 도큐 전철 이케가미선 지도리초역으로, 정확하게 임신했을 때 그 역을 이용했어요.

사노 유미코(여아 · 9세)

- 구름 위 이야기를 들려줄래요? 구름 위에는 아기 친구들이 몇 명 정도 있어요?
- 구름은 진짜 넓고요. 줄 같은 걸로 나뉘어 있던 것 같아요. 다른 나라에 태어나는 친구들이라든지, 나라에 따라 달라서 친구들이 셀 수 없을 정도로 많이 있어요.

- 나라별로 나뉘어 있구나?
- 네, 좀 더 크면요. 크기 전까지 아기들은 하느님과 함께 있어요.

🧑 하느님은 몇 명 있나요?

👧 남자 하느님이랑 여자 하느님 두 명이요.
하느님은 아주 커요. 그리고 도와주는 천사랑 요정도 있어요.

🧑 구름 위에서 어떻게 엄마를 보고 있었어요?

👧 음, 잘 안 보일 때는 산에 올라가는데……. 사람들 사는 데에도 산이 있지만 하늘 위에도 조그만 산이 있어요. 거기 올라가서 내려다봤어요.

🧑 어떻게 엄마를 정했나요?

👧 있잖아요. 내가 엄마를 정하고 하느님에게 가서 말해요. 하느님은 안 된다고 안 하니까요. 그러니까 혼자 정해서 하느님한테 말하러 가는 거예요.

🧑 아기 친구들은 엄마를 정하는 방법이 다 달라요?

👧 정하는 법은 자유예요. 같이 고르는 친구도 있고……. 같이 엄마를 정했을 때는 쌍둥이가 되는 거예요.

🧒 엄마를 정하고 나서는 가기만 하면 돼요?

👧 네, 가요. 하느님이 가도 된다고 하면 가는데 기다리라고 하면 조금 더 기다려요.

🧒 그건 그 엄마한테 가는 게 아직 이르다는 거예요? 아니면 그 엄마한테 가면 안 된다는 거예요?

👧 아직 이르대요. 구름 위에서 조금 더 기다리는 게 좋대요.

🧒 그래도 꼭 빨리 가고 싶어 하는 친구들도 있을 거 같은데요?

👧 맞아요. 있어요.

🧒 그 친구들은 어떻게 돼요?

👧 하느님께 계속 졸라 결국 보내 주긴 해요. 하느님은 상냥하니까요.

🧒 구름 위에서도 아기들은 몸이 커지나요?

🧑 네.

👴 몸이 안 커지면 엄마한테 못 가는 거예요?
🧑 작아서 못 가요. 그래도 가고 싶은 친구는 가긴 가는데 거의 못 가요. 몸이 안 커지면 거의 못 가요.

👴 몸이 작은데도 갈 수 있는 아기는 어떤 아이예요?
🧑 너무 가고 싶어서 어쩔 줄 몰라 하고, 구름 위에서 같이 놀지도 않고 책만 읽는 아이들은 빨리 보내 줘요.

👴 언제쯤 엄마를 선택했지요?
🧑 천사가 정하라고 해요. 혼자 못 정하는 친구는 하느님이 아기를 간절히 원하는 사람을 알려 주고 그 집에 가라고 해요.

👴 유미코는 어떻게 엄마를 선택했는지 기억해요?
🧑 네, 딱 보고 알았어요.

한번 보고 엄마 어디가 좋았어요?
 어쩐지 상냥해 보였어요.

엄마로부터

유치원에 새로 온 아이가 있었어요. 성향이 너무나 다른데도 놀랄 정도로 사이가 좋았어요. "너희 둘 어쩜 이렇게 친해?"하고 물었더니, "하늘 위에서도 같이 놀았거든요."라고 대답했어요. 하늘에서 늘 붙어 다녔다고 해요. 그 뒤로 아이가 여러 이야기를 해 주었어요.

다카유키(남아 · 6세)

- 곧 태어날 아기들은 구름 위에서 뭘 하고 있어요?
- 줄 서 있어요. 놀지는 않고 걸어 다니거나 해요.

- 왜 줄 서 있어요?
- 병을 가지고 태어날지, 건강한 아기로 태어날지를 꼭 정해야 해요. 안 그러면 못 태어나요.

- 그렇게 정하기 위해 줄을 서는구나. 죽고 나서 구름 위로 돌아가는 사람은 앞으로 태어날 사람과 같은 곳에 가는 거예요? 아니면 다른 곳에 가나요?
- 같은 곳이요.

🧑 그럼 다 같이 있는 거구나. 하느님은 구름 위에서 뭘 하고 있어요?

😷 구름 위보다 더 위에 교회가 있는데 건강하게 태어날지, 병을 가지고 태어날지를 물어봐요. 태어났던 사람에게는 좋은 일을 했는지 나쁜 일을 했는지 물어보고 나쁜 일을 했으면 나중에 태어나서는 좋은 일을 해야 해요. 좋은 일을 했던 사람은 칭찬해 주고 잠시 동안 가고 싶은 데를 보내 준대요.

🧑 가고 싶은 곳이라고 하면 구름 위에서?

😷 구름 위에서요.

🧑 구름 위보다 더 위에 교회가 있는데, 거기서 하느님이 아기들에게 어디에 태어날지 병을 가지고 태어날지, 건강한 아기로 태어날지를 물어보고, 돌아온 아기한테는 좋은 일을 했는지 나쁜 일을 했는지 물어본다는 거지요?

😷 네.

🧑 아픈 몸으로 태어날지 건강하게 태어날지에 대해 결정하는 건 누구일까요?

👶 자기가 정해요.

🧑 아하, 자기가 정하는 거구나. 그때 엄마도 선택하는 거예요?

👶 엄마를 정하고 나서 건강하게 태어나기로 정했으면 건강한 아기로 태어나고 아픈 아기로 태어나기로 정했으면 아픈 아기로요.

🧑 다른 거 또 정해야 하는 게 있어요?

👶 다른 거는 거의 없어요.

🧑 언제 태어날지도 정하나요?

👶 그냥 자연스럽게 태어나요.

엄마로부터

'엄마가 상냥해 보여서 남동생이랑 같이 엄마를 선택했던 거예요.'라고 말해 주었습니다.

요시노 사토미(여아 · 12세)

- 하느님이 어느 정도로 컸어요?
- 기억이 잘 안 나지만 엄청 컸던 것만 기억이 나요.

- 하느님은 한 명 있었나요?
- 구름 위에서는 한 명이지만 다른 구름 위에도 또 있었던 것 같아요.

- 그럼 구름은 하나만 있는 게 아니라 많다는 말일까요?
- 네.

- 날개가 달린 아이와 없는 아이는 무슨 차이예요?

🧒 하느님이 날개를 달아 줘서 땅으로 내려갈 아이와 계속 구름 위에서 놀 아이가 있기 때문이에요.

👨 그렇구나. 아이들은 몇 명쯤 있었어요?
🧒 너무 많아서 잘 모르겠어요.

👨 창문이라는 건 무엇인가요?
🧒 그건 지구의 세상을 들여다보는 문이고요. 엄마나 아빠, 형제가 있는지 궁금할 때 거기로 보는 거예요.

👨 그런 창문은 하나밖에 없었어요?
🧒 하나만 있어요.

👨 그럼 다들 차례대로 보러 가는 건가요?
🧒 네.

👨 '엄마가 있는 지구로 내려가야겠다.'라는 느낌은 어떻게 알게 되었나요?

🧒 나도 모르게 이제 내려가도 되겠다 싶어서 하느님한테 갔어요.

👴 하느님한테 "이제 엄마한테 가도 돼요?"하고 물어봤나요?
🧒 네, "가도 된단다."하셔서 날개를 달고 내려왔어요.

👴 언제쯤 엄마를 정했어요?
🧒 엄마는 한참 전부터 정했어요.

👴 근데 "가도 된단다."라는 말을 안 해 주셨나요?
🧒 그건 아니고요. 엄마가 바빠 보였어요. 아직 때가 아닌 것 같았어요.

👴 엄마한테 갈 때는 어떻게 내려갔어요?
🧒 하늘을 날아가면 문이 있어요. 주변은 투명한 벽으로 되어 있는데, 그 벽은 통과하지 못해서 문을 열고 가요.

- 문을 열면 엄마가 있는 곳으로 이어져 있나요?
- 아니요, 지구 바로 가까이에 가요.

- 그때부터 직접 엄마를 찾는 거예요?
- 네.

- 그 문까지 천사랑 같이 가요?
- 엄마 배 속에 들어갈 때까지 같이 가요. 배 속에 안전하게 들어가고 나면 날개를 떼어 줘요.

- 태어나는 목적에 대해서인데요. 아기들은 왜 태어난다고 생각해요?
- 아주 다양한 곳에 도움이 되기 위해 태어나는 듯해요.

- 맨 먼저 도움을 주고 싶은 사람은 엄마인가요?
- 엄마나 아빠요.

- 예를 들어 아기들이 모두 무사히 태어나는 것이 아니고 유산되는 아기들도 있는데, 그 아기들은 어떤 도움이 되려고 엄마한테 오는 걸까요?
- 유산은요……. 구름 밖 세상을 빨리 보고 싶어 태어나는 일이 많아요.

- 세상 밖을 다 보고 나면 구름 위로 다시 가는 건가요?
- 네.

- 그것 말고도 또 어떤 의미가 있어요?
- 생명의 소중함 같은 걸 알리고 싶어서 가요.

- 아기가 유산되는 것이 도움이 될까요?
- 도움이 될 때가 있어요.

- 🧑 아기들은 그걸로 만족하나요?
- 👧 도움이 돼서 만족해요.

- 🧑 아, 만족하는구나. 그렇구나.

엄마로부터

아기가 태어나기 몇 년 전 정말 바쁘게 일했어요. 내심 아기는 좀 늦게 와 주길 바랐는데 '엄마가 바빠 보였어요.'라는 말은 그때를 말하는 것 같아요. 그렇게 하던 일이 마무리돼서 아기를 갖고 싶다는 생각을 했는데 바로 찾아와 줬어요. 아이가 '엄청 기다렸잖아.'하고 원망하듯 말했어요.

곤노 가쓰야(남아 · 13세)

- 태어나기 전 이야기를 좀 들려줄래요?
- 태어나기 전 아직 엄마 배 속에 안 들어갔을 때, 엄마 뒤를 날아다니면서 엄마를 지켜 줬어요.

- 그때 엄마는 몇 살이었나요?
- 엄마가 중학생 때 한 번 가서 보고 이 사람이 내 엄마라면 좋겠다고 생각했어요. 그 뒤로도 몇 번 왔었어요.

- 그때 여동생 유카랑 같이 왔었어요?
- 네, 같이 왔어요.

🧓 나중에는?

👶 혼자 왔어요.

🧓 엄마를 선택한 이유를 기억하고 있어요?

👶 왜 엄마를 선택했느냐면요. 구름 위에서 쭉 엄마의 행동을 보고 있었어요. '아, 이 사람이라면 믿을 수 있겠다.'라는 생각이 들어서 엄마 배 속으로 들어가려고 했는데요. 그때는 엄마가 어려서 지켜보는 수밖에 없었어요.

🧓 지켜볼 때는 엄마가 있는 곳으로 내려와서 봤나요?

👶 아빠를 만나기 전에는 구름 위에서 봤어요. 아빠를 만나면서부터는 엄마 뒤에 있었어요.

🧓 그건 가쓰야가 곧 태어난다는 걸 알기 때문인가요?

👶 구름 위에 있었을 때는 이 사람이 우리 엄마라면 좋겠다는 느낌만 있었고 땅으로 내려왔을 때는 '아, 이 사람이 엄마구나.' 싶었어요.

😊 엄마 뒤를 따라다닐 때도 등에 날개가 있었어요?
👶 하늘 위에서는 날개가 완벽히 있었는데 땅으로 내려오고 나서부터는 점점 날개가 없어졌어요.

😊 날개가 없어도 날 수 있어요?
👶 네, 날 수 있긴 해요.

😊 엄마 배 속으로 들어간 때를 기억하나요?
👶 들어가던 순간은 기억이 안 나요.

😊 언제 엄마 배 속에 들어갔는지는 기억이 나요?
👶 너무 빨리 들어가서……. 배 속에 아기 몸이 만들어지자마자 곧바로 들어갔어요.

😊 엄마 배 속에 들어가고 나서도 밖으로 나갔다가 다시 들어갈 수 있어요?
👶 처음에는 나갔다가 들어갈 수 있는데 태어나기 3개월 전부터는 못 나가요.

🧑‍🦰 가쓰야가 생각하기에 '태어남'이란 무엇일까요?
👶 엄마 아빠가 결혼하고 아이가 없으면 쉽게 싸우고 헤어질 수 있어서, 그걸 막아야 한다는 마음으로 태어났어요.

🧑‍🦰 아빠와 엄마를 위해 태어난 거네요.
👶 뭐, 그런 셈이에요.

🧑‍🦰 싸우고 헤어져서는 안 되는 사이였네요?
👶 네.

🧑‍🦰 꼭 같이 있어야 했구나.
👶 네, 그러는 게 행복해요.

🧑‍🦰 아빠와 엄마를 위해 태어나는 아기들도 많아요?
👶 그건 잘 모르지만 사명이라든지 그런 뜻을 가지고 태어나는 아이들도 적지는 않아요.

🧑 또 어떤 사명을 가지고 태어나는 아기가 있어요?

👶 쓸쓸한 가족이라 내가 태어나서 즐거운 분위기로 만들겠다든지. 내가 태어남으로 해서 모두가 웃고 기쁘도록. 또, 여러 일을 할 가능성이 있으니까 내가 태어나는 것으로 뭔가를 바꾼다든지.

🧑 아기가 태어나는 것으로 가족이 변한다는 거예요?

👶 다른 것도 바뀌지만 거의 가족이 달라져요.

🧑 가족들이 행복했으면 좋겠고, 무언가를 새롭게 깨달아 가족이 달라지길 바라는 마음에서 태어난다는 말이지요?

👶 네.

엄마로부터

결혼하고 바로 임신을 했어요. 가치관이 서로 달라 신혼 초에는 남편과의 싸움이 끊이질 않고 몇 번씩이나 이혼해야겠다는 생각을 했어요. 아이가 없었더라면 헤어졌을지 몰라요.

이 장부터는 엄마와 아이의 대화 내용입니다

사이토 준(남아 · 4세)

길고 기다란 미끄럼틀을 타고 내려왔어.

미끄럼틀은 무지개 색깔인데 되게 미끄러웠어.

너무 더워서 땀이 많이 났어.

밤에 자고 아침에 일어나기 전까지 미끄럼틀을 탔어.

지구가 보이기 시작해서 슬슬 엄마한테 가야겠다고 생각했어.

중간에 길이 나뉘어 있었지만 나는 망설이지 않고

똑바로 왔어.

다른 길로 가면 다른 엄마한테 가게 되는 거야.

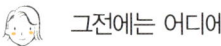 그전에는 어디에 있었니?

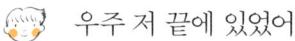 우주 저 끝에 있었어.
우주 저 끝에서는 밥을 안 먹어.
마사히로(남동생)랑 같이 있었어.
근데 있잖아, 나 아무리 생각해도 기억이 안 나는 게
있어. 어떻게 엄마 배 속으로 들어갔는지 말이야.
조금만 더 가면 엄마 배 속에 간다고 생각했는데
갑자기 잠이 와서…….
눈을 뜨니 엄마 배 속이었어.
좁고 어두워서 눈물이 날 뻔했어.

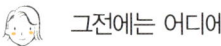 촛불로 밝힌 욕실에서 해 주었던 말입니다. 이제 기억이 떠올랐다는 듯 차분히 더듬더듬 얘기해 주었어요.

이노우에 소라(남아 · 3세 6개월)

태어날 때는 말이야. 이렇게 나와서 아침이었어.

그리고 혼자 욕조에 들어갔어. 그런데 있잖아, 또 잠들었어.

엄마 배 속에서는

이렇게 동그랗게 웅크려서

엄마한테 뽀뽀했어. 엄마가 예뻐서 왔으니까.

엄마 배 속에 들어갈 때는 하늘에서 '슝!'하고 날아서

엄마 배를 향해, 등 뒤를 통해서

(허벅지 쪽에 머리부터 넣으며) 이렇게 들어갔어.

구름 위에서는 내가 하느님 옆에 찰싹 달라붙어 있었어.

하느님은 여자 한 명 남자 한 명 두 명 있었는데 전통 옷을 입고 있었어.

엄마 배 속에서 더 있고 싶었는데 배가 고파서 나왔어.

야마구치 가즈키(남아 · 3세)

하늘에는

하얀색 옷 같은 걸 입은

할아버지처럼 보이는 사람이 있는데

이 할아버지가 등을 밀어 주면

구름처럼 생긴 데서 아래로 떨어지는 거야.

떨어져도 하나도 안 무서워.

떨어지는구나, 하는데

그게 끝이야.

그리고 그다음에 엄마한테 왔지.

어느 엄마한테 갈지는 내가 정하는 거야.

혼자서 못 정하는 아기도 있어.

그런 아기는

할아버지 같은 사람이

이쪽으로 가라고 정해 주고
그 방향으로 미는 거야.
할아버지 손이 여덟 개 있는데
한 번에 밀 수 있어. 부드럽게.
나는 혼자서 정했어.
우리 엄마한테 간다고.

나가토모 유키 (남아 · 6세)

🙂 아들, 엄마한테 와 줘서 고마워.

🙂 응, 하느님이 "아기를 기다리는 엄마에게 가렴." 하고 말해서 내가 온 거야.

🙂 엄마 배 속에 있었을 때 기억나?

🙂 응……. 있잖아.
엄마, 배 속에 무언가가 있었잖아.
그게 점점 더 커져서 내가 못 살게 되는 거…….

🧒 자궁 근종?

👩 응, (근종이) 커져서 '나를 덮치면 어떡하지.'하고 무서웠어. 엄마, 내가 빨리 태어나려고 해서 위험했지?

👩 응, 그래도 무사히 태어나라고
모두 열심히 도와줘서 건강하게 태어날 수 있었지?

🧒 응…….
엄마 건강하게 낳아 줘서 고마워.

👩 어느 추운 밤, 아이가 쉬이 잠들지 못해 머리를 쓰다듬고 있을 때 스르륵 시작한 말이에요. 임신 초에 병원에서 자궁 근종이 있다는 걸 들었어요. 책을 찾아보니 커지면서 태아를 누르기도 한다고 해서 불안한 마음으로 지내던 때가 있었어요. 남편 외에는 누구에게도 말한 적 없는데 너무 놀라서 입이 다물어지지 않았어요.

나리타 요코(여성 · 26세)

저는 두 아이가 있는 엄마입니다.
아이를 키우면서 태내 이전의 기억이 떠올랐습니다.

구름 위에서 아래를 보고 있었습니다.
그때 본 것은 어린 시절 제가 살았던 곳 같습니다.
빨간 지붕을 본 걸 기억합니다.
구름 위 아기들은 몇 명씩 그룹으로 나뉘어 있었는데
같은 그룹에 있던 여자아이가 이렇게 말했습니다.
"난 저 엄마로 정했어!"
결심을 하고 비가 오는 날 내려갔지요.
그 모습을 보고 왠지 모르게 저는 좀 초조해졌습니다.
그 아이가 내려간 뒤
부모님(후보)을 한 번 보러 갔습니다.

현관으로 들어가니 노란 우산과 장화가 보였습니다.

방으로 들어가 아직 어렸던 오빠들과 이야기를 나눴습니다.

그 방에 엄마가 들어왔습니다.

오빠가 저를 가리켰지만 엄마는 "불?"이라고 말했어요.

때마침 제가 그 위치에 있었기 때문이에요.

엄마 눈에는 제가 보이지 않는 듯했습니다.

결국 저는 그 부모님 곁으로 가기로 정하고 같은

무리에 있었던 아기들과 울면서 작별 인사를 했습니다.

어린 시절에 오빠들에게 그때 일을 물어본 적이 있습니다.

큰오빠는 기억 못했지만 작은오빠는 기억하고 있었습니다.

마쓰다 게이타(남아 · 5세)

너는 왜 태어났어?

나는

'엄마, 사랑해.'

말하려고 태어났어.

마 치 며

태어나는 것과 생을 마감하는 것은 닮았습니다. 둘 다 저쪽 세계와 이쪽 세계의 문을 열고 여행을 하기 때문입니다. 현실의 분만 현장에서는 탄생의 기쁨과 동시에 죽음의 슬픔도 따라옵니다. 위생 상태 개선 및 의료 기술의 진보, 산부인과 의료에 종사하는 의료진들의 부단한 노력으로 산모와 신생아의 사망은 현저하게 줄었습니다만, 아무리 세심하게 주의를 하며 필사적으로 임한다 해도 도저히 살릴 수 없는 상황도 있습니다.

생명을 지키기 위해 최선을 다하는 것은 당연합니다.

그러나 생명이 있는 것에게는 반드시 죽음이 찾아오기에, 그러한 의미에서 죽음은 생명의 반대 개념이라기보다는 생명의 뒷면 같은 것입니다.

죽음을 금기시하면 진실의 절반밖에 보지 못하게 되는 것 아닐까요. 저는 생명의 현장에 있는 의사로서 탄생과 죽음을 어떻게 받아들여야 하는지 줄곧 생각해 왔습니다. 그리고 죽음을 마지막으로 간주하지 않고 인생을 '영혼'이라는 관점에서 바라볼 필요가 있다는 사실을 깨달았습니다. 태어나기 전의 기억이 있는 아이들 대부분은 '태어나기로 한 것은 스스로가 정했다.'라고 말합니다.

여기서부터 생각해 보면 생명의 탄생과 관련된 것은 궁극적으로 의료 기술이 아니라 영혼인 것입니다. 그야말로 아이는 하늘이 점지해 주시는 것입니다. 실제로 생식 의료가 진보한 지금도 불임 치료에 힘쓰는 최전선 연구자들은 '수정은 하늘의 영역'이라고 말합니다.

아무리 좋은 난자와 정자를 수정시켜도 성공하지 못하는 일도 있으며, 탄생을 인간이 100퍼센트 제어한다는 건 여전히 불가능합니다.

아기가 찾아온다는 것은, 그저 아기의 육체가 만들어지는 것이 아니라 시공간을 넘어선 영혼의 만남이 이루어진다는 것입니다. 이를 이해했을 때 비로소 우리는 더 좋은 출산뿐 아니라 아이를 부모의 부속품으로 여기지 않는 바람직한 육아를 할 수 있습니다.

영혼이라는 관점에서 보면, 아기가 세상에 내려오기로 결정하는 데에 대략 두 가지 이유가 있는 듯합니다. 첫째, 다른 사람에게 도움이 되기 위해서입니다. 특히 맨 먼저 어머니에게 도움을 주기 위해서입니다.

둘째, 자기 인생의 목적을 위해서입니다. 아기들은 무엇보다도 어머니가 생명의 소중함을 깨닫길 바랍니다. 자신이 태어남으로써 사랑하는 어머니가 행복하길 바랍니다. 그뿐만 아니라 어머니의 영혼을 성숙시키는 데에 도움이 되고자 합니다.

어머니를 힘들게 하는 아이는, 어머니에게 이러한 과제를

던져 줌으로써 영혼이 성장하는 기회를 선물해 주는 것입니다. 그렇게 생각하다 보면 일찍 떠난 아이도, 건강하게 태어난 아기도, 다 똑같이 어머니에게 선물을 하고 있는 셈입니다.

　그런 까닭에 이 책에서는 금기시하는 유산에 대해서도 다루었습니다. 어머니들은 유산을 하면 무엇이 문제였는지 고민하며 스스로를 책망하곤 합니다. 하지만 그건 어머니의 어떠한 행동으로 유산을 하게 되는 간단한 문제가 아닙니다. 애당초 모든 수정 과정 중 임신 반응이 나오기까지 수정란이 자라는 일은 열 번 중에 한 번에 지나지 않으며 그 뒤에도 10퍼센트는 유산을 합니다. 유산의 원인으로는 염색체 이상과 영양 상태의 문제 등이 있다고 알려졌으나, 영혼이라는 차원에서 본다면 다른 이유가 있을 수도 있습니다. 아기는 아주 잠깐 어머니의 배 속으로 들어가 보고 싶었거나 지금 시대의 문화를 느껴 보고 싶었던 것뿐이고, 이내 만족하고는 다시 구름 위로 돌아갔을지도 모르는 일입니다. 이와 동시에 아기는 반드시 어머니에게 어떠한 메시지를 전하고 있습니다. 제가 들은 이야기 중에는 다음과 같은 메시지가 있었습니다.

"아빠랑 잘 지내세요."
"엄마, 자신을 좀 더 소중히 여겨요."
"아이를 키울 준비가 되어 있지 않았어요."
"큰아이를 좀 더 예뻐해 주세요."
"생명이란 아주 신비로운 거예요."

그 내용은 사람에 따라 다르며 어머니 본인만이 느낄 수밖에 없습니다만, 모두 어머니를 격려하는 메시지라는 점은 확실합니다. 유산을 한 어머니는 아기가 목숨을 걸고 전하고자 했던 선물을 부디 받아 주시길 바랍니다.

우리 또한 스스로가 원해서 태어났다는 의미를 다시 한번 생각해 보았으면 합니다. 우리는 보통 부모가 아이를 지켜야 한다고 믿습니다. 그러나 아이들은 정말 자신의 생명을 걸고 부모를 지켜 주러 온 것 같습니다. 엄마가 생명의 소중함을 알아주길 바라는 마음에서 태어나, 아기 때에는 아무런 조건 없이 엄마에게 사랑을 주고, 간절한 마음으로 엄마와 아빠의 영혼이 성장하기를 바라는 것 아닐까요.

그 목적을 다한 아이들이 있는가 하면, 다하지 못한 아이들도 있을 것입니다. 어렸을 때 누군가의 따뜻한 보살핌 없이 자란 사람은 거의 없겠지요. 만약 부모님과의 관계에서 슬픔을 느끼고 있다더라도 무사히 어른이 된 것은 누군가의 애정을 받으며 커 왔다는 증거일 것입니다.

그리고 그때 아기였던 우리를 돌보아 준 상대에게 무한한 믿음을 선물로 주면서 '생명의 소중함'을 알리는 역할을 제대로 다했던 것입니다. 그러한 자기 자신을 자랑스럽게 여겨 주길 바랍니다.

우리는 사춘기에 접어들며 아이라는 꼬리표를 떼고 인생의 목적을 다하고자 과제에 몰두합니다. 인생의 목적은, 어려운 것이 아니라 단지 다른 사람에게 도움이 됨으로써 자신의 영혼을 갈고닦는 것을 뜻하는 것 같습니다. 그것은 힘들어 보이는 사람에게 미소를 짓거나, 손길을 내밀거나 하는 아주 사소한 일에서부터 시작합니다.

물론 인생에서 정말 힘든 상황을 맞닥뜨릴 때도 있습니다. 그러한 때일수록 '스스로가 원해서 태어난 거야.'라는 점을 떠올려 주시길 바랍니다. 영혼이라는 관점에서 본다면 시련이 꼭 안 좋은 것만은 아닙니다. 고비를 극복할 때마다 영혼은 한층 더 빛을 더해 갈 것입니다.

시련이라는 것은 태어나기 전 스스로 준비한 문제집 같은 것입니다. 스스로가 고른 문제집이기에 정답도 반드시 내 안에 있을 것이며, 극복할 수 있습니다. 게다가 그렇게 어려운 문제를 내가 만들었다고 생각한다면 도전적인 자신이 조금 자랑스럽게 느껴지지 않을까요?

  태어나기 전 기억, 여기에는 인생을 더욱 행복하게 살기 위한 지혜들이 많이 채워져 있습니다. 바로 이것이 아이들이 우리에게 보내 주는 선물 아닐까요.

글쓴이 **이케가와 아키라**

1954년 도쿄 출생. 데이쿄 대학 의과 대학원 졸업(의학 박사). 아게오 중앙 종합 병원 산부인과 부장을 역임한 뒤, 1989년 도쿄 요코하마시에 이케가와 클리닉을 개원했습니다. 2001년 전국 보험의 단체 연합 의료 연구 집회에서 '태내 기억'에 대해 발표한 것이 신문 등에 소개되었습니다. 지은 책으로 『아기는 뱃속의 일을 기억하고 있다』, 『태어나기 전부터 사랑해요, 엄마!』, 『읽을수록 놀라운 태아기억 이야기』 등이 있습니다.

그린이 **정원재 / Replay**

글쓰고 그림 그리고 디자인하고 글씨도 쓰는 작가. 일러스트레이션과 함께 캐릭터 「알라스카-맛있는 북극 이야기」 전시, 저술에 힘쓰고 있습니다. 다양한 출판사(웅진, 다락원, 북펀, 신지원 등)의 북디자인, 일러스트레이션, 캘리그라피를 담당하였습니다. 지은 책으로 『맛있는 수채화 일러스트레이션』, 『수채 손그림에 캘리그라피를 더하다』, 『손따라 마음따라 캘리그라피』, 『내 인생의 찬란한 7일』 등이 있습니다.

www.onreplay.com

옮긴이 **이서은**

대학에서는 일어일문학을 전공하고, 그 뒤 통번역대학원에 진학하여 여러 경험을 쌓았습니다. 제 마음을 흔드는 책들을 번역하여 많은 분들께 소개해 드리고 싶은 소망이 있습니다. KBS뉴스·교양 프로그램 통·번역, 글로벌 컨퍼런스 동시 통역, 해외 의료 세미나 수행 통역 등을 하였습니다.

엄마를 사랑해서 태어났어

개정판 1쇄 인쇄 2024년 3월 15일
개정판 1쇄 발행 2024년 4월 1일

글쓴이   이케가와 아키라
그린이   정원재
옮긴이   이서은
펴낸이   백경민
펴낸곳   시월의책

편집   김민지
디자인   이미연
경영 관리 조장희
마케팅   정보배
에이전시 사이에이전시(대표 이상만)

주소   경기 파주시 문산읍 반구정로 44-11
전화   070-7766-4001
팩스   050-4050-9067
등록   2020년 3월 25일 제2020-000079호

정가 11,000원

이메일   bkm@forwc.com
홈페이지   http://www.forwc.com
인스타그램 @bookmojong

ISBN 979-11-985616-4-0 (13590)

* '시월의책'은 주식회사 포윅스컴퍼니의 출판 브랜드입니다.
* 이 책은 저작권법에 따라 보호받는 저작물이므로 무단 전재와 무단 복제를 금지하며,
  이 책의 전부 또는 일부를 이용하려면 반드시 저작권자와 출판사의 서면 동의를 받아야 합니다.
* 잘못된 책은 바꾸어 드립니다.
* Title calligraphy ⓒReplay